कुछ हिस्से प्यार के

शब्दो का जाल

मोहित सोलंकी

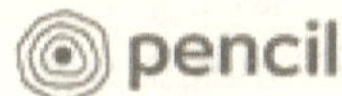

ISBN 978-93-5458-540-1
© मोहित सोलंकी 2021
Published in India 2021 by Pencil

A brand of

One Point Six Technologies Pvt. Ltd.
123, Building J2, Shram Seva Premises,
Wadala Truck Terminal, Wadala (E)
Mumbai 400037, Maharashtra, INDIA
E connect@thepencilapp.com
W www.thepencilapp.com

DISCLAIMER: *The opinions expressed in this book are those of the authors and do not purport to reflect the views of the Publisher.*

Author biography

यह मोहित सोलंकी है जिनकी उम्र 22 वर्ष व जन्म 29 जुन 1998 में राजस्थान के बांसवाड़ा जिले के बोरवट गांव में हुआ। इनके पिताजी का नाम श्री मान वालेंग सोलंकी है,

मोहित स्वयं द्वारा बनाई गई शब्दों कि दुनिया में रहते है जिसमें शब्द उनके और भाव लोगो के होते है यह इक उभरते हुए लेखक है जो अपने लेखन से लोगो के बिच काफ़ी प्रभाव डालते है एवं अपने और लोगो के दिल के भावो को अपनी रचनाओं से सबके सामने नए तरीके से अपने शब्दों से प्रस्तुत करते है।

और भी रचनाओं को पढ़ने के लिए जुड़ सकते है इनसे

instgram mr.mohitjii2.o

Email id: mohitsolanki1112@gmail.com

Mob.9784474007

image

CONTENTS

प्यार इक अहसास

प्यार... एक ऐसा शब्द जो इंसान को हँसा सकता है

तो रुला भी सकता है,

आसमां कि बुलंदियों तक पहुँचा सकता है

तो धरती कि मिट्टी में मिला भी सकता है।

प्यार एक ऐसा एहसास है जो अपने आप में सबके

लिए ख़ास है...

अगर किसी को सच्चा प्यार है तो उसकी ज़िन्दगी में

चार चीज़ें काफ़ी महत्वपूर्ण होती है –

1.) उसके प्यार का एहसास

2.) उसकी हर एक बात

3.) उसका हमेशा इंतज़ार

4.) सारी ज़िन्दगी उसका साथ

अगर इन चीज़ों से आप दूर हैं तो शायद आपको सच्चा प्यार नहीं है ।

प्यार में एक ललक होती है उसे पाने कि,

प्यार में एक तड़प होती है उसे देखने कि।

तुम्हें भूख उसके प्यार कि लगे न कि उसके जिस्म कि,

तुम्हें प्यास उसकी आँखों में डूबे प्यार कि हो ,

वो ज़रूरत नहीं बस तुम्हारी आदत हो...।

जिसे देखने से तुम्हारा दिन अच्छा गुज़रे ,

जिसे सुनने के बाद तुम्हारे कानों को सुकून मिले !

वो जब तुम्हारे पास हो तो दिल तुम्हारी ना सुने

वो तुम्हारे पास आए तो दिल की धड़कन तेज़ी से बढ़ जाए

जब तुम्हें उसे छूने से ज़्यादा उसे देखने मात्र से पॉज़िटिव एनर्जी मिले

उसके बिना कुछ कहे ही तुम सब समझ जाओ ,

उसकी हँसी के पीछे के दर्द को बिन बताए ही तुम समझ जाओ

खुद से ज़्यादा तुम्हें उसकी सारी बातें अच्छी लगने लगे ,

दिल तुम्हारी नहीं बस उसकी हि सुनने लगे !

उसकी ज़ुबां से ज़्यादा उसकी आँखों से बात होने लगे ,

तकलीफ़ उसे हो और दर्द तुम्हें होने लगे !

उसके मिलने से पहले उसे पाने कि जो चाहत थी,

वो उसके मिल जाने के बाद भी सारी ज़िन्दगी उसी तरह बनी रहे ...

तो... समझ लेना कि तुम्हें सच्चा प्यार है और इसे ही प्यार कहते हैं !

क्या है प्यार

प्यार हमारी भावनाओ,ख्वाहिशों और अरमानों का किस्सा होता है,
और हमारे जीवन का सबसे सुखद हिस्सा होता है।

ना चाहकर भी चाहने वाली इक प्यारी सि गलती है प्यार।

ज़िंदगी के हर मुकाम पर साथ पाने और खोने का डर का एहसास है प्यार।

किसी के पास आने कि खुशी तो किसी के दुर जाने का डर है प्यार।

लंबी लंबी रातों का तो अगले दिन सुबह होने के इंतज़ार कि चाहत है प्यार।

छोटी छोटी बातों को लेकर हुए झगड़े के बिच प्यार का मिठा अहसास है प्यार।

रूठने, मनाने के बिच किसी के चेहरे पर आने वाली छोटी सि मुस्कान है प्यार।

छोटी छोटी खुशी के साथ साथ आपस में दुखों का अंबार उठाने कि ताकत है प्यार।

इक जिस्म में दो जान होने के ख्वाब कि हक़ीक़त है प्यार।

हर मन्नत में उसके लिए खुशियों को मांगना है प्यार।

मुस्कराहट के पिछे छुपे हुए उसके दर्द को समझना है प्यार।

खुद से ज्यादा खुद को किसी और के लिए संवारना है प्यार।

किसी कि खुशी के लिए चिंता,जिक्र और फिक्र करना है प्यार।

हर दफा किसी और से ज्यादा खुद से बाते करना है प्यार।

तुम्हे रोकना, टोकना और तुमसे बेबाक होकर सारी बाते करना है प्यार।

आपस में ख्वाहिशें बुनना तो इक दुसरे के लिए खुशियां चुनना है प्यार।

बेमतलब सि ज़िन्दगी में किसी और के लिए जिने का मतलब है प्यार।

अज़ीज़ की खुशी देख खुद के चेहरे पर आने वाली हल्की मुस्कान है प्यार।

हसिन रातो कि निंदो का करवटों में सिमट के रह जाना है प्यार।

मिलने के छोटे से पल से लेकर ज़िन्दगी भर साथ चलना है प्यार।

पहली बार

जब से तुम्हें देखा है तब से ज़िन्दगी जीया सही मायनों में पहली बार...।

पागल सा था पर जब से तुम्हें देखा सच में पागल हुआ पहली बार...।

डरता था दुनिया की बातो से पर तुम्हारी हिम्मत ने दुनिया से लड़ना सिखाया पहली बार...।

ज़िंदगी में बोहोत से पल आए और गए पर जिस पल तुम मिले वो पल यादगार बना पहली बार...।

कमज़ोर हूं मैं ये बताया लोगो ने हमेशा और बोहोत हिम्मत है मुझमें ये बताया आपने पहली बार...।

कभी कोई नहीं करेगा प्यार ये समझ के मान लि थि हार पर आप जब मिले तो हार को हराया पहली बार...।

जी रहा था साधारण सि ज़िन्दगी घटिया इंसान कि तरह पर आपके मिलने से चार चांद लगे मेरी ज़िन्दगी में पहली बार...।

सुना था जन्नत में होती है परिया नहीं देख सकते उन्हें पर आप मिले तो धरती पर परी को देखा पहली बार...।

थी हमारे बिच दोस्ती नहीं करना चाहता था इज़हार क्योंकि डर था कहीं टूट ना जाए

दोस्ती जो हुई है पहली बार...।

प्यार बोहोत था, बोहोत है और बोहोत रहेगा हर बार पर हमेशा आपका प्यार होगा मेरे लिए पहली बार...।

थम जाता हूं लोगो के तानों से हर बार पर तानों से लड़कर आगे बढ़ना सिखाया आपने पहली बार...।

कुछ टूटे थे सपने तो टूट गया था मैं मान लि थी मैंने हार पर टूटे सपने से ही पूरे होते है सपने बताया आपने पहली बार...।

ज़िंदगी कट रही थी और हम काट रहे थे बार बार पर ज़िन्दगी जीना सिखाया आपने सही मायनों में पहली बार...।

नहीं पता था कि क्या होता है प्यार और क्यों होता है पर आपको देखते हि हुआ प्यार मुझे पहली बार...।

तेरे लिए

अक्सर रुक जाता हुं उनकी गलियों से गुज़रते हुए जब उनका आशियाना नज़र आता है,

इक टक निगाहों से देखते है उस खिड़की को जिसमें ईद का चांद नज़र आता है।

साथी बन गई है वो राते जिनसे करता हुं तुम्हारी बाते,

अब तो उसने भी बेवफाई दिखाई और वो करती है चांद से बाते।

शुरुआत की थी दोस्ती कि पर कर बैठा हुं प्यार,

साथ है वो मेरे पर नहीं कर पाता इज़हार।

दोस्ती टूट ना जाए है बड़ा सा डर,

टूट गई दोस्ती तो जीते जी जाऊंगा में मर।

लाखो कोशिशें कि है तुम्हे इक दिन भुलने कि,

पर नहीं भुल पाते तुम्हे क्योंकि इक हि उम्मीद है जीने कि।

काश तुम जरूरत होती मेरी तो औकात नहीं समझकर भुल जाता,

बन गई है आदत मेरी अब तो चाहकर भी नहीं भुल पता।

मन्नते मांगी है भगवान से इक दिन तुम्हे पा लूंगा,

जिस दिन मिल गए तुम उस पल में सारी ज़िन्दगी जी लूंगा।

पता है मुझे बेइंतहा मोहब्बत है मुझसे तुम्हे,

फिर भी सारी दुनिया का डर है तुम्हे।

क्यों सोचते हो दुनिया के बारे में,

दो दिन बार चलेगी फिर भुल बैठेगी हमे।

चाहता हूं उम्रभर जब आंख खुले तो तुम मेरे सामने हो,

और जिस दिन तुम ना दिखो आंखे उसी दिन हमेशा के लिए बंद हो।

तु

तु बादल बन मैं बारिश बन जाऊ,

तु प्यार का घड़ा बन मैं प्यार का सागर बन जाऊ।

तु पंछी बन मैं पिंजरा बन जाऊ,

तु उड़ने की कोशिश तो कर मैं खुला आसमां बन जाऊ।

तु चाहत बन मैं चाहतों का पर्वत बन जाऊ,

तु इबादत तो कर मैं इबादतों का अंबार बन जाऊ।

तु बचपन बन मैं तेरा खिलौना बन जाऊ,

तु बुढ़ापा बन मैं तेरा सहारा बन जाऊ।

तेरे बिन उधुरा हूं मिलकर पूरा कर दे तु,

टूट कर बिखर जाऊ उससे पहले संभाल ले मुझे तु।

मेरी बंजर ज़मीन में बारिश बन जा तु,

मैं मिट्टी की खुश्बू बनकर तेरी ज़िन्दगी महका दु।

तुझमें मैं बन जाऊ मुझमें तु बन जा,

दुनिया को छोड़ अब मेरे लिए खुद से तु लड़ जा।

मेरी ज़िन्दगी कि इक काली रात तो बन तु,

मैं तेरी सारी ज़िन्दगी रोशन कर दिखाऊं।

तु सपना बन मैं साकार कर दिखाऊं,

तु अपना बना मुझे मैं तुझे सारा जहां दिखाऊं।

तु पाने कि सिर्फ कोशिश कर मैं तेरा हो जाऊ,

तु दूर जाने की बात ना कर मैं जीते जी मर जाऊ।

सब तेरा

प्यार करना अगर गुनाह है तो हर सजा मंज़ूर है,

हर लम्हा तुझे प्यार करेंगे क्योंकि बस तेरा हि फितूर है।

तु मेरी हर सुबह का अख़बार जिसे रोज़ाना पड़ना चाहूं,

तु मेरी चाय की प्याली जिसे होंठो से लगाकर पीना चाहूं।

जैसे पहले हम तुम्हारे दिवाने थे आज भी वैसे ही दीवाने है,

पहले थोड़ी सि तेरी बाते थी अब तो बस तेरे ही तराने है।

तेरे मेरे प्यार को लिखने के लिए अल्फ़ाज़ कम है,

मैं प्यार तो जता दु पर शायद जज़्बात कम है।

खुद से ज्यादा दिल से तेरी सिफारिशें होने लगी है,

धीरे धीरे हि सही पर अब दिल की सारी ख्वाहिशें पुरी होने लगी है।

तेरी प्यारी सि आंखो में डूबने लगे है प्यार के हर दर्द को सहने लगे है,

पता नहीं क्यों ये चाहते बड़ सि गई है दिल को राहत मिल सि गई है।

हवाओं में सर्गोशियां बड़ने लगी है कानों को सेलाहकर कुछ वो अब कहने लगी है,

दिन छोटे से लगने लगे है और राते प्यार में बड़ने लगी है।

दुरिया बोहोत है तुझसे पर दिल के तेरे करीब हु,

खुद से प्यार कितना वो पता नहीं पर मैं तेरा अज़ीज़ हु।

मेरी आंखो का नूर तो दिल का गरुर बन गए हो,

जीने को अब सांस नहीं बस तुम जरूरी हो गए हो।

आंखो हि आंखो में बाते करने लगे है,

बोलने से ज्यादा अब चुप्पी को समझने लगे है।

तेरा प्यार,तेरा पागलपन, तेरी नादानियां हो अब मेरी,

तु मेरे साथ हो ,मेरे पास हो ऐसे दिन और राते हो अब मेरी।

गुस्ताख दिल

गुस्ताख दिल नादानियां करने लगा है,

ना चाहकर भी तुम्हे यूं चाहने लगा है।

दुर रहना चाहता था उन प्यार वाले हसीन पलो से,

पता नहीं क्यू लिपट गया है उन हसीन प्यार वाले लम्हों से।

पाने से ज्यादा तुझे खो देने की आहटे दिल में बढ़ती जा रही है ,

राहते मिल नहीं रही दिल को और चाहते बढ़ती जा रही है।

गुस्ताख दिल........ .... ।

बेवफ़ाई का डर था पर अब वफाई तुमसे करने लगा है ,

तुम्हारी रूह की खुशबू की दर्मियां ये दिल तुम्हारी और बढ़ने लगा है।

दिल को रुकसत तेरी और इबादत तेरे प्यार की करने लगा है ,

सब्र नहीं है मुझमें पर इंतजार तेरा करने लगा है।

गुस्ताख दिल ....।

बाते कम और ख्वाब ज्यादा बुनने लगा है ,

खुद से ज्यादा दिल तेरे लिए खुशियां चुनने लगा है।

अज़ीज़ था पर प्यार में तेरे मुक्कमल हो चुका हूं,

प्यार का घड़ा नहीं अब तो समंदर हो चुका हूं।

गुस्ताख दिल नादानियां करने लगा है,

ना चाहकर भी तुम्हे यूं चाहने लगा है।

तेरा मेरा रिश्ता

तुम मेरे हमदम हो तो हमसफ़र भी,

जीवनसाथी तुम्हीं तो जानिसार भी,

रूह में उतर गई है मोहब्बत तेरी,

ज़िंदगी क्या ? अब तो हर सांस है तेरी।

छोटे छोटे पलो को बखूबी तुम संझो लेते हो,

मैं कर दु गुस्सा पर प्यार से तुम सह भी लेते हो,

वक़्त के साथ लोग और लोगो के जज़्बात भी बदल जाते है,

तेरी मोहब्बत ने ऐसे बांध के रखा है मुझे कि चाहकर तुझे तो क्या तेरी याद को भी भुल नहीं पाते है।

क्या था मैं? और क्या बना दिया तूने मुझे,

ज़िंदगी के मुकाम पर आज कहा पहुंचा दिया तूने मुझे,

कामयाबी तक पहुंचने से पहले नाकमियाबियो के बारे में हि सोच के हार के बैठ जाता था,

तेरा हाथ मेरे कंधे पर देख में बिन सोचे हर मुश्किल से लड़ जाता था।

तेरा प्यार, तेरा गुस्सा, तेरी नाराज़गी सबका इक अलग हि अंदाज़ है,

रिश्ते प्यार के हज़ारों है पर तेरे मेरे प्यार के रिश्ते की इक अलग हि बात है,

यूं तो हजारों चेहरे है इस दुनिया में,

पर तेरे चेहरे के नूर की अलग हि बात है।

साथ तेरा सात जन्मों का है पर इस जनम में भी साथ जन्मों का प्यार दे दिया करते हो,

आए किसी कि गंदी नज़र मेरी ओर तो काला टिका लगाकर मुझे बचा भी लिया करते हो,

ना सोचा था ना हि जाना था कभी कि इस मतलबी दुनिया में बेमतलब हमसे कोई इतना प्यार करेगा,

मेरी मुस्कराहट और मुझसे जुड़ी मेरी हर इक चीज पर कोई इतना कभी मरेगा।

तेरी मुस्कराहट है हिम्मत मेरी तो तेरे चेहरे का नूर ज़िन्दगी है मेरी,

क्यों रखु किसी और कि चाहत दिल में जब हर सांस में आहट है सिर्फ तेरी,

माना खुदगर्जी है मुझमें तेरे प्यार को लेकर,

तेरा प्यार मेरा था, मेरा है और हमेशा मेरा रहेगा चाहे ले जाए कोई मेरी जान निकालकर।

तेरे लिए मेरे खत

लिखे कुछ खत तेरे लिए पर उस पर भी धूल जम गई,

तुझ तक तो आ हि ना सके वो खत और यादे मेरी उसमे ही दब के रह गई,

इक इक शब्द में हमारे प्यार को परोसा भी था,

इक ना इक दिन ये खत तुझ तक आ जाते ये भरोसा भी था।

उन छोटे छोटे पलो को संझोए उसमे दिल से कुछ लिखा था

आंखे बंद करके भी हाथो ने उस पर बोहोत काम किया था।

कब होती रात कब होते दिन इसका अहसास तक ना होता था,

तेरी रूह से इस कदर जुड़ा कि तेरी याद में खतों का अंबार खड़ा होता था।

तेरा इक खत आया जवाब में मैंने कितने हि लिख डाले थे,

तुझ तक इक खत भी पहुंचा ना सका मेरा,

लगता है उस पर भी बदकिस्मती के लगे ताले थे।

25

हर लम्हा हर पल बस तुझे सोचता हूं,

हाथ जब भी उठता है खत सिर्फ तेरे लिए लिखता हूं ,

तेरे साथ क्या था मैं? और तेरे बिन कोड़ियो के भाव भी नहीं बिकता हू।

मेरे प्यार की गहराई को शब्दों से इस खत में उतारा है ,

दूर हूं मैं तुझसे पर इक इक शब्द में तुझे चिख चिख के पुकारा है।

लिखते लिखते खत के कुछ पन्ने आंसुओ से भीगे है,

पड़ते हुए मस्कराओगे तुम पर शब्दों में मेरे दर्द से भरी चिखे है।

इक तरफा प्यार

तुझमें इतना गुरूर है,

हक़ीक़त से तु काफ़ी दूर है।

सोचता था कि क्यों है प्यार मेरा इकतरफा,

अब पता चला कि तुझे तो किसी और का फितूर है।

ज़माने में तुझसे इक नहीं हज़ार भी है,

तु मेरा ना सही पर तुझे किसी और के साथ देखना हमे नागवार भी है।

तु तो मेरा है हि नहीं फिर भी तुझे खो देने का डर लगा रहता है,

हिम्मत बहुत है मुझमें पर बात तुझे खो देने कि हो,
तो दिल सबसे बड़ा कायर बनके रहता है।

काश! होती कुछ अहमियत मेरी तेरी ज़िन्दगी में कभी कहीं,

काश! कभी गलती से हि सही मगर तु खुद को ढूंढती मुझमें कहीं।

प्यार था इसलिए हमे आप बहोत अच्छे लगने लगे थे,

हद से ज्यादा प्यार था इसलिए शायद अब हम तुम्हे चुभने लगे थे।

माना कि मैं लोगो कि तरह था पर लोग मेरी तरह नहीं थे,

कुछ बाते मेरी उनकी तरह थी पर वो अपनी अपनी जगह सही थे।

कुछ बातो को समझाया नहीं जाता बस हमे उसे समझना पड़ता था,

प्यार कितना भी किया उससे पर हमेशा उसे जताना पड़ता था।

प्यार में मेरा उसे उसकी गलतियों पर रोकना टोकना होता था,

पर पता नहीं क्यू..? उसका हमेशा इसे बंदिशे हि समझा जाता था।

मेरे हमदम तेरे साथ मुझे हमसफ़र बनके रहना था,

नहीं हूं लायक तेरे ! तुझे मुझसे भी अच्छा हमसफ़र मिल जाएगा उसका हमेशा ये कहना
था।

जिस्म

मैंने सोचा कि प्यार तुझे मेरी बातो से था इंतजार तुझे हसीन प्यार वाली रातों का था,

मैं तेरे दर्मिया तेरे रूह से जुड़ गई तब पता चला कि तुझे तो प्यार सिर्फ मेरे जिस्म से था।

हमेशा तुझे सबसे अलग मानती थी मुझे लगा सबसे ज्यादा में तुझे तुझसे भी ज्यादा जानती थी,

अहसास जरूर हुआ मुझे तेरी बातो से कहीं दफा तेरी जिस्मानी भुख का पर फिर भी में उसे हमेशा प्यार मानती थी।

जब जरूरत तुझे मेरे जिस्म कि होती थी तब तेरे लिए दुनिया में सबसे हसीन मैं बन जाती थी,

प्यार तो तुझे था हि नहीं कभी फिर भी पता नहीं क्यों तेरी मिठी मिठी बातो में हमेशा खो जाती थी।

लड़की हूं हज़ारों बाते सोचनी पड़ती है,

घर से बाहर मेरा कदम पर फिर भी समाज से लड़ाई लड़नी पड़ती है।

सिर्फ मिलना, मिलाना हि क्यों सब कुछ होता है प्यार में,

काश!समझ जाती तेरे जिस्मानी भुख को जब तु जताता प्यार एतबार में।

ना मिली मैं तुझे जब तक तु हर हद से गुजर के मुझे पाने को बेताब था,

मिट क्या गई तेरी जिस्मानी भुख ज़रा अब तु मेरी हर इक छोटी बात से खफा था।

सब कुछ जानकार भी हमेशा अंजान बनी रही,

तेरी चाहतो को चाहकर भी कभी पूरा कर ना सकी,

दिल में हर बार बस इक मलाल रहता है,

जो प्यार की कदर हि ना करे ना जाने क्यों उसे हि कोई सच्चे दिल से प्यार करने वाला मिलता है।

उसको उसके हाल में छोड़ दे

छोड़ गया है तुझे वो तो तु रोती क्यों है,

अगर बुरे सपनो का डर है तुझे तो तु सोती क्यों है,

चला गया तो जाने दे उसका जिक्र भी अब छोड़ दे,

वो तो तेरा था हि नहीं अब उसको उसके हाल में छोड़ दे।

दिन है तो रात आएगी रात है तो दिन भी जरूर आएगा,

अगर है वो तेरा अज़ीज़ तो तुझसे ज़रा दूर नहीं रह पाएगा,

अब उसकी छोटी छोटी खुशी के लिए खुद का मन मारना छोड़ दे ,

कुछ खुशियां खुद के लिए बटोरना शुरू कर और उसको उसके हाल में छोड़ दे।

हर दिन एक जैसा नहीं होता है हर दिन कोई किसी ना किसी को खोता है,

कुछ गलतियां तो दोनों से होती है पर रिश्ता तोड़ने के लिए तो गलती सिर्फ इक बहाना होता है,

रिश्ता उससे फिर से जोड़ने का कभी मन करे तो उन उम्मीदों को अब तु तोड़ दे,

अपनी नई ज़िंदगी के आशियाने कि नींव रख और उसको उसके हाल में छोड़ दे।

जिस वक़्त को कोस रहे हो तुम उसी ने तुम्हारे हमसफ़र के चेहरे से बेवफाई का परदा उठाया है,

बदकिस्मत ना समझ खुद को तुझे तो उसी वक़्त ने बेवफाई के प्यार वाले सपने से जगाया है,

वक़्त के साथ जो हुआ था,जों हुआ है और जो होगा उसे वैसा हि होने दे,

तुने तो हर पल अपने प्यार को मुक्कमल किया... बस अब उसको उसके हाल में छोड़ दे।

उसके साथ रह कर तुने खुद की कुछ ख्वाहिशें तो कुछ फरमाइशें भी तोड़ी है,

ये रिश्ता तो इक तरफा हि था पर तुने हमेशा उसे संझो कर हर इक छोटी कड़ी को जोड़ी है,

बदकिस्मती भी अब किस्मत के राज़ खोल रही है तो उसे खोलने दे,

तु चुप रहले फिर भी उसे जवाब मिल जाएगा बस तु उसको उसके हाल में छोड़ दे।

इज़हार

इक सुबह उल्फत भी ऐसी हुई थी कि भिड़ में उनसे जाकर हमारी नज़रे मिली थी,

इक टक निगाहों से उन्हें देखा और उनकी आंखो ने हमारी आंखो से कुछ अनकही बाते करी थी,

छोटे छोटे पलो को हसीन यादगार लम्हों में तब्दील करना चाहते थे,

तुम्हारी इक मुस्कराहट देख हम तुम्हे इज़हार करना चाहते थे।

कभी खुद से लगाव ना था हमे पर अब तुमसे भी हो गया था,

तेरी हर इक सांस से जुड़ कर मेरी रूह का तुझसे जुड़ाव हो गया था,

यूं तो हजारों चेहरे आते आंखो के सामने पर सबको भुल जाते थे,

और पहली नज़र में देखते हि तुम्हे इज़हार करना चाहते थे।

बावरा सा मन है मेरा पर तुझपे आकर रुक सा जाता है,
भटकता मुसाफ़िर है प्यार मेरा जो तेरे दिल की गलियों में ठहर सा जाता है,

छोटे छोटे मोको को जोड़ दोस्ती करने का इक मोका ढूंढना चाहता था,

तुमने दोस्ती का हाथ बड़ाया और मैं प्यार का इज़हार करना चाहता था।

बेइंतहा मोहब्बत है तुमसे पता नहीं ये कब और कैसे हो गई,

अब दिन को चैन नहीं और रातों कि निंदे पता नहीं कहा खो गई,

बस मैं तो वक़्त को वक़्त के साथ बदलकर तुम्हे पाना चाहता था,

इंतज़ार हमेशा हसीन पल का था जिसमें तुझे मैं इज़हार करना चाहता था।

तुमसे मुलाकात तो छोड़ो हम तो तुम्हे देखने को भी तरस रहे थे,

बंजर ज़िन्दगी में शायद अब मोहब्बत के बादल प्यार कि बारिश कर रहे थे,

मेरे इस सूखे मन को उस बारिश में मैं भीगाना चाहता था,

 वो चाहे मुझे अपना बनाते या ना बनाते पर मैं उन्हें इज़हार करना चाहता था।

तुम मेरे हो

दिल कि बात दिल में है जुबां से बयां ना कर पा रहे हो,

बेइंतहा मोहब्बत तुम्हे मुझसे है पर इसे भी तुम राज़ बनाकर रख रहे हो,

मुझसे जुड़ी दिल कि हर इक बात को राज़ बनाकर उसे छुपाने को पर्दा डाल रहे हो,

छुपा लो दुनिया से मुझे राज़ बनाकर पर तुम सिर्फ और सिर्फ मेरे हो।

वक़्त चाहिए तो ले लो इंतजार किस बात का कर रहे हो,

तुम्हारे इंतजार में हम भी रुक जाएंगे सारी उम्र तुम चिंता क्यू कर रहे हो,

जब तुमने दिल से चुन लिया मुझे तो इस ज़ालिम दुनिया से क्यू डर रहे हो,

और ये दुनिया चिंता से चिता में क्यू ना सिमट जाए पर तुम सिर्फ और सिर्फ मेरे हो।

मेरी हज़ारों बाते औरो से करते हो ना जाने क्यू ये सब मुझसे छुपाते हो,

जब बोलु मैं तुम्हे जुड़ने को मुझसे तब घर वालो को बता दू यह कह कर तुम मुझे डराते हो,

जब तुम्हे मुझसे जुड़ना हि नहीं तो औरो के सामने मेरा जिक्र कर मेरी फिक्र कि बात क्यू करते हो,

ना चाहकर भी नज़रंदाज़ करते हो तो करते रहो पर फिर भी तुम सिर्फ और सिर्फ मेरे हो।

कोशिशें है निगाहों से दूर करने कि पर उतना हि दिल के काफ़ी करीब कर रहे हो,

बेशक! चुप रह लो ना बताओ मुझे अपने दिल का हाल पर तुम्हारी मुस्कराहट बता रही है कि मुझे पाने को दिल में कितना शोर कर रहे हो,

दिल से चाहकर भी ना चाहने वाले वजूद के साथ तुम मुझे प्यार क्यू कर रहे हो,

दूर होना करीब आना ये तो चलता रहेगा पर ताउम्र तुम सिर्फ और सिर्फ मेरे हो।

फासलों के फैसले ले कर मुझसे खुद को दूर रख कर खुद को दर्द दे रहे हो,

ज़िंदगी में फासले तो कम हो जाते है बस यूं मुझसे दूर रहने के फैसलों पर क्यों अडिक रह रहे हो,

जब कोई तुमसे बेइंतहा मोहब्बत कर रहा है और तुम इश्क़ को ना जाने क्यों मुकम्मल नहीं कर रहे हो,

वक़्त गुज़र जाएगा पछतावा हाथ आएगा पर उस वक़्त भी तुम सिर्फ और सिर्फ मेरे हो।

जता देते हो

तेरी यादों का बंवंडर है मेरे मन में,

तो तेरी आहट है मेरे हर इक रोम में,

यूं तो तु सपनो में आकर भी पुरे शरीर को कपकपा देता है,

थोड़ा प्यार सामने रहकर करता है और इसे भी तु जता देता है।

तेरी मुलाकात से ताल्लुक मैं नहीं रखता हुं,

इन दूरियों के बिच तेरी याद का दर्द मैं सहता हूं,

दूर रहकर भी दुनिया से प्यार के लिए लडने को हिम्मत मुझमें तु भर देता है,

जब हिम्मत देते देते थक जाता है तब दि हुई हिम्मत के बारे में जता देता है।

माना प्यार में खुदगर्जी मेरी पर फिर भी ख्याल तेरा रखता हूं,

आइने के सामने मैं खड़ा हो जाऊ पर चेहरा उसमे भी तेरा देखता हूं,

तु तो साथ रहकर कभी आंखो से आंखो को मिलाकर मेरे सामने तक नहीं देखता है,

और बोल दिए हो तुने प्यार से कोई मीठे दो बोल तो उसे भी बार बार जता देता है।

क्या किया है तुने मेरे लिए अब मुझे भी हर इक बात पता चलती है,

तु बार बार ये अहसास ना करवा इन बातो का मुझे ये बाते बोहोत खलति है,

इश्क़ तो मैं भी करता हूं बस तू हि इस इश्क़ को सबके सामने इकतरफा बता देती हैं,

और तु कर देती हो कभी गलती से भी प्यार तो उसे भी तु हमेशा जता देती है।

नहीं रहना मेरे साथ तो खुल के क्यों नहीं बोलती हो,

और जिस रिश्ते की कुछ अहमियत हि नहि उसे दिल में रखकर क्यों चलती हो,

अगर बता देती साथ नहीं रहना है मेरे तो इस बेबुनियाद रिश्ते से मैं कब से अलग हो जाता,

फिर रहता तेरा इकतरफा प्यार जिसे तु चाहकर भी कभी किसी के सामने जता नहीं पाता।

दिल सहता है

अपने जज़्बातों पर हमेशा मैंने खुद को काबू करते देखा है,

दूर रहकर तेरी यादों कि तड़प में खुद को जलते भी देखा है ,

सब कुछ जानकर भी अनजान बनकर क्यों तु मुझसे दूर रहता है,

माना हजारों दर्द है तुझे पर कुछ दर्द तो मेरा दिल भी सहता है।

तेरे बिन बोले भी तेरे दिल कि आवाज़ मेरा दिल समझ जाता है,

जितना हो खुद से उससे भी ज्यादा ये दिल तेरे लिए बहुत कुछ कर जाता है,

कुछ करके जता देना या बता देना मेरी आदत सा बन गया है,

माना तुझे मेरी ये आदतें नहीं पसंद है पर कुछ तेरी बुरी आदतें भी तो मेरा दिल सहता है।

छोटे छोटे झगड़ों का बड़ा सा तुल हमारे बिच बना रहता है,

झगड़ों से फर्क कुछ नहीं पड़ना बस रिश्ता टूटता रहता है,

तेरे मुंह से तेरे मर जाने की बात सुनकर ये दिल हमेशा डर के रहता है,

तु तो ऐसी बात करके डरा कर भी भुल जाता है पर तेरे दिए हुए हर इक छोटे डर को भी मेरा दिल सहता रहता है।

जब तुझे रिश्ते में मेरी बोहोत सि चीजे नहीं पसंद तो तु जबरदस्ती जुड़ कर क्यों रहता है,

जों आदतें तेरी मुझे नहीं पसंद तु भी तो वही करता रहता है,

बस अब नहीं रखना वो रिश्ता जो ज़िन्दगी में अहमियत नहीं रखता है,

माना कुछ अपने अरमान तु दबा देता है पर टूटते रिश्ते की डोर का दर्द तो मेरा दिल भी सहता है।

पछतावा होता है जब ना चाहने वाली बातो का सहरा आंखो के सामने रहता है,

गलती कि है तो रोना पड़ेगा ये उस आंख से निकलता हर इक आंसू मुझसे कहता है,

सोचता हूं कि अच्छा होता अगर मैं ये मोहब्बत कभी मुक्कमल हि ना करता,

क्योंकि ना खुद से कभी लड़ता,झगड़ता और ना हि कभी मेरा दिल इस प्यार वाली ज़ालिम दुनिया के दर्द सहता।

सफ़र

तेरे दिल के दर्मिया तेरी और चल दिया था,

तु मेरे रूह से जुड़ने कुछ कदम मेरी और बड़ गया था,

दिल को दिल से तो कदमों को कदमों से मिलाना शुरू करना था,

बस अब तेरा हाथ मेरे हाथ में रख नई ज़िन्दगी का सफ़र शुरू करना था।

पहले कुछ और था मैं अब कुछ और बन गया हूं,

आदतें बुरी थी मेरी पर अब मैं सुधर गया हूं,

इस भिड़ वाली दुनिया में तेरे बिन जिना मुश्किल तो लगना हि था,

ताउम्र साथ तेरा पाकर मुझे नई ज़िन्दगी का सफ़र जो शुरू करना था।

पहले भी मेरी इस गुमनाम ज़िन्दगी में कोई मुझसे जुड़ा था,

कुछ गलत आदतों कि वजह से वो मुझसे हमेशा हि दूर खड़ा था,

वो तो कभी मुझे समझा हि नहीं पर फिर भी हर गलती में उसे मैं समझाना चाहता था,

जो हुआ इक बिता कल था मैं तो तेरे साथ आने वाले कल के लिए नई ज़िन्दगी का सफ़र शुरू करना चाहता था।

हर सफ़र सुहाना हो ये हर बार तो जरूरी नहीं था,

हर मोहब्बत मुकम्मल हो ऐसा भी तो हर बार जरूरी नहीं था,

तुझसे जुड़ना या ना जुड़ना वो किस्मत का खेल पर प्यार तो मैं बेइंतहा तुझसे हि करना चाहता था,

लड़कर या मरकर,हर इम्तहान से गुज़र कर तेरे साथ नई ज़िन्दगी का सफ़र शुरू करना चाहता था।

चाहने वाले तुझे बहोत है अभी और भी बहोत पहले भी मिल जाते थे,

तु तो मुझसे जुड़ा हि नहि फिर भी तेरा नाम किसी और के साथ जुड़ने का सोच के भी हम डर जाते थे,

बस मुझे हमेशा तेरी आंखो के सामने रहकर तुझे जो पसंद है वहीं काम करना था,

प्यार ना सही पर दोस्ती करके भी तेरे साथ नई ज़िन्दगी का सफ़र शुरू करना था।

अकेलापन

तुझमें खुद को ढूंढ रहा था मैं अब मुझमें मैं कहा,

अकेला था तुझसे जुड़ने से पहले अब तुझमें दिखता मेरा सारा जहां,

तुझे औरों के साथ देख सोचता कि कैसा ये मेरा दिवानापन था,

क्यों तोड़ दिया खुद को तेरे पिछे तुझसे अच्छा तो मेरा अकेलापन था।

मंज़िल तक पहुंचने से पहले बीच रास्ते में तु मिल गया,

मंजिल का पता नहीं और ना जाने मैं कहा खो गया,

बन जाता है लोगो का प्यार उनकी धड़कन पर ना जाने क्यों मेरा प्यार बन गया मेरी अड़चन,

काश ! मिल जाती प्यार में कोई छोटी सी ठोकर तो समझ आ जाता कि तेरे प्यार से अच्छा था मेरा अकेलापन।

जुड़कर भी कभी तुझसे जुड़ ना सका,

इक तरफा रह गया मेरा प्यार तु उसे कभी दो तरफा कर ना सका,

तुझे खो देने का डर तेरी नज़र में मेरा कायरपन था,

तु मेरे कायरपन के पीछे के प्यार को समझ ना सकीं... तुझसे जुड़ने से अच्छा तो मेरा अकेलापन था।

कहने को तो हम जीवनसाथी थे लोगो के लिए,

पता नहीं तेरा तो पर मेरे हर इक रोम में प्यार था तेरे लिए,

समझ नहीं पा रहा कि तेरे साथ रिश्ता गलत था या रिश्ता हि गलतफहमी में था,

जब तक रिश्ते को समझ पाता उससे पहले समझ आ गया कि इस रिश्ते से अच्छा तो मेरा अकेलापन था।

किसी के आगे कभी झुका नहीं पर तेरी हर इक छोटी बात पर झुक जाता था,

तेरा मेरे सामने होने पर भी तेरी आंखो में झूठा हि सही.. पर वो प्यार भी नहीं दिख पाता था,

उल्फत ऐसी होती कि तु सही समय पर सही मायनों में मुझे और मेरे प्यार को समझ जाता,

तो शायद कभी तुझसे ज्यादा अच्छा मेरा अकेलापन नहीं हो पाता।

तेरे चेहरे का नूर बन जाऊ

हदो में रहकर इश्क़ नहीं होता अब तो सारी हदो को पार कर जाऊ,

मुकम्मल इश्क़ करने को बेताब मेरा दिल अब उसे भी मुकम्मल कर दिखाऊं,

इबादतें इश्क़ तुझसे कर तेरी रूह से मैं जुड़ जाऊ,

तेरे दिल का अज़ीज़ हि नहि मैं तेरे चेहरे का नूर भी बन जाऊ।

तेरी रूह संग तेरी ज़िन्दगी से जुड़ जाऊ,

दिल में हज़ारों बाते पर तेरे सामने होंठो से कुछ कह भी ना पाऊं,

वक़्त का मुसाफ़िर बन इश्क़ में तेरे मशहूर हो जाऊ,

वक़्त साथ दे या ना दे पर मैं तेरे चेहरे का नूर बन जाऊ।

मैं कैसा था वो छोड़ो तुम जैसा मुझे बनाओगे मैं वसा बन जाऊ,

नाकामयाब इंसान हूं पर तुझे मंज़िल मान इश्क़ में तेरे कामयाब हो जाऊ,

क्या पाऊंगा क्या खोऊंगा इश्क़ में तेरे ये मैं इल्म तक ना कर पाऊं,

बस इक बार तु बंध जाए मेरे बंधन में तो मैं तेरे चेहरे का नूर बन जाऊ।

जितना कर सकु इतना प्यार करूं झुठी बाते ना कर पाऊं,

दो वक़्त कि सकुन कि रोटी दे दु चांद तारे तोड़ लाने के झूठे वादे ना कर पाऊं,

हूं मैं अलग औरों से औरों सा चाहकर भी मैं कभी ना बन पाऊं,

माना दूसरों जितना प्यार ना कर संकू पर जितना करू मैं तुझसे प्यार उसमे तो तेरे चेहरे का नूर बन जाऊ।

मैं इंतज़ार तो हर दफा तेरे दिल में आने को करना चाहूं,

इक डोर मिल जाए बस मुझे उस डोर से तेरे दिल में समा जाऊ,

ख्याल तो तुझे मेरा भी है कहीं में इस दुनिया के मायाजाल में भटक ना जाऊ,

तो फिर तु मुझे अपना बना ले इक दफा और मैं तेरे चेहरे का नूर बन जाऊ।

नादान बनकर रहता है

किसी को किसी के लिए रोते देखा है तो किसी को किसी से दूर होते भी देखा है,

इश्क़ ये पागल दिल करता है और दर्द आंखो को सहना पड़ता है,

आंखो से आंखो में देख इश्क़ का पता चल जता है इसे जताना कहा पड़ता है,

और हज़ारों गलतियां करले ये दिल फिर भी नादान बनकर रहता है।

खुदगर्जी कि वजह से रिश्ता जोड़ते देखा है तो मजबूरी का बहाना करके रिश्ता तोड़ ते भी देखा है,

पागल सा देखा है दिल को इश्क़ पाने की चाह में है तो इश्क़ मुकम्मल ना होने पर पागल होते भी देखा है,

इश्क़ को साकार करने के लिए ख़्वाबों को हक़ीक़त में तब्दील करना पड़ता है,

इश्क़ पाने कि चाह में अच्छे बन जाओ या बुरे बन जाओ पर ये दिल हमेशा नादान बनकर रहता है।

हज़ारों चेहरों के बिच इक चेहरे को ढूंढते देखा है तो उस चेहरे को देख किसी को छुपते भी देखा है,

क्या चाह करो दूसरों से यहां तो खुद के अपनों को अपनों के साथ सोते देखा है,

इक रिश्ते कि वजह से दूसरे रिश्ते ना टूट जाए सोच कर अनजान बनकर रहता है,

दिल दिल से अजनबी होकर सब कुछ देखते हुए भी नादान बनकर रहता है।

किसी को अज़ीज़ के साथ शादी करते देखा है तो किसी को अपने अज़ीज़ से शादी तोड़ते भी देखा है,

इश्क़ में किसी कि आबादी तो इश्क़ में किसी कि बरबादी को भी देखा है,

अच्छे अच्छे रिश्तों के बीच छोटे छोटे झगड़ों का तुल बना हि रहता है,

पर कई दफा रिश्ते टूट जाने वाले झगड़े होने के बाद भी ये दिल नादान बनकर रहता है।

गलतियों पर माफ़ करते भी देखा तो बिना गलती के दूर होते भी देखा है,

रिश्तों के बिच आग लगने पर भी रिश्तों को जुड़ते देखा है तो इक छोटी चिंगारी से रिश्तों को टूटते भी देखा है,

इश्क़ में रूठना,मनाना और लड़ना जगड़ना तो बना रहता है,

पर सारी बात जानकर भी ये दिल ना जाने क्यों नादान बनकर रहता है।

क्यों किया

जब आंसू बहाने नहीं आते तो झूठा रोते क्यू हो,

जब प्यार करते हि नहीं तो फिर हक जताते क्यू हो।

हो जाओ तुम अब मुझसे दूर तुम्हारी गलत आदत लगाते क्यों हो,

और जब तुमसे इक रिश्ता संभल नहीं पा रहा तो हज़ारों से और रिश्ता जोड़ते क्यों हो।

तेरे इश्क़ ने मुझे झकझोर कर रख दिया है,

बाहर से हि नहीं अंदर से भी तोड़ कर रख दिया है।

तेरा इस मोहब्बत से क्या वास्ता जों तुझे मेरे होने ना होने से फर्क पड़ता है,

जब तु मेरा ना सही तो जो मुझसे जुड़ रहा है तु उससे जुठा क्यों लड़ता है।

पता नहीं क्यों मुश्किल से मुकम्मल किया तेरे इश्क़ को,

तुझे रिश्ते कि कदर नहीं और में सब कुछ मान बैठा तेरे इश्क़ को।

तुझे देखते हि मुझे राहत मिलती है पर तुझे मुझसे चाहत नहीं,

झूठे प्यार से अब मुंह मोड़ लेना अच्छा क्योंकि सच्चे प्यार कि आस में अब तड़पना नहीं।

जब जब जताता प्यार मैं तुझे उसमे खुश तु दिखता था,

चेहरे पर तेरे नूर पर दिल में शायद झूठा प्यार बसता था।

पता नहीं कब तक यूं हि गलतफहमियों के साए में प्यार रहेगा,

और ना जाने कब इन झूठी शक्लों के पिछे कभी सच्चा प्यार मिलेगा।

रुक कर इक दफा तुझे देख लु पर अब देखने को भी मन नहीं करता,

डरता था तुझे खोने से पर तेरी आदतों की वजह से तेरे सपनो में भी आने का मन नहीं करता।

पछतावा होता है बोहोत... मुझे नहीं तुझे... ये तु भी अच्छे से जानता है,

अब तो मुझसे दूर हो गया तु पर मैने कि जो सच्ची मोहब्बत उसके बारे मैं अब तु जानता है।

कोशिश करूंगा

तुझे वक़्त के हाथो कि लकीरों से छिन लुं,

कुछ ज्यादा कुछ कम तेरे लिए ख्वाब बुन लु,

यूं तो तुझे पाने कि हर इक मन्नत करूंगा,

तु मिले चाहे ना मिले तुझे पाने कि कोशिश जरूर करूंगा।

माना तुझे चाहने वाले मेरे अलावा भी हज़ारों है,

जिन आंखो में तेरे लिए प्यार उन आंखो से उन्हें देखना भी नागवारा है,

तु इक बार बस आरज़ू जता मैं तेरी हर आरज़ू में मिलूंगा,

तु तो मुझसे दूर रह रहा है फिर भी तुझे पाने कि कोशिश करूंगा।

चिड़िया बन कर मैं तेरे दिल को अपना घोंसला बनाऊंगा,

प्यार का तिनका तिनका जोड़कर हमारे रिश्ते को मज़बूत बनाऊंगा,

कोई आंधी बन मेरे घोसलें को तोड़े तो मैं उस आंधी से भी लड़ूंगा,

इक इक तिनका रिश्ते का फिर से जोड़ तुझे पाने कि कोशिश करूंगा।

इकबाल है मेरा जो तेरा इश्क़ मुझे नसीब होना है,

इकरार ए इश्क़ है तेरा जिसे कभी नहीं खोना है,

तेरी बिना इजाज़त तुझसे तो क्या तेरे दिल से भी कभी नहीं जुड़ूंगा,

और जब तक तुझसे जुड़ने की इजाज़त ना मिले तुझे पाने कि कोशिश करूंगा।

तेरी किस्मत से जुड़कर तेरी ज़िन्दगी का किस्सा बन जाऊंगा,

तेरे दिल का अज़ीज़ बन दो जिस्म इक रूह का हिस्सा बन जाऊंगा,

तेरे इश्क़ के हर इक इम्तहान देकर तेरा हमेशा इंतजार करूंगा,

अहसास मेरे इश्क़ का जब तलक तुझे हो तब तक तुझे पाने कि कोशिश करूंगा।

सकुन दे जाता है

हर दफा हर घड़ी तु मेरे दिल के पास नहीं,

यादों में जब देखू तुझे तो तु इस दिल से ज्यादा दूर नहीं,

सामने रहकर कुछ लब्ज़ बोल नहीं पाता पर तेरा ये दिल यादों में बहुत कुछ कह जाता है,

अकेलेपन में बेचैनी होती है पर इस बेचैनी में भी तेरी यादों में सकुन मिल जाता है।

मेरी बचकानी बातो से तु परेशान हो जाता है,

बोहोत कुछ मुझे तु कहना चाहता पर कह नहीं पाता है,

अजनबी बनकर आया अब मेरे दिल का अज़ीज़ बनकर रहता है,

आलम ऐसा दिल का कि तु दूर रहकर भी अब तेरी यादों में सकुन दे जाता है।

ये दिल नादान क्या तेरे लिए आशिक़,आवारा भी बन जाता है,

बस तेरी आंखो से बहे इक अश्क को भी यह सह नहीं पाता है,

दूर रहले या पास रहले तेरे इश्क़ का तासीर हमेशा रहता है,

इश्क़ में तो दूरियां बढ़ती,घटती है पर उसमें भी ये दूरियों का सिलसिला तेरी यादों में सकुन दे जाता है

पुस्तकों में छुपाई तुम्हारी तस्वीर को छुप छुप कर देखे जाते है,

तुम्हे देखने कि कुछ पल कि खुशी में काफी तसल्ली पा लेते है,

और पाया है मैने जब तूझे देख लु इक दफा ये दिल बेचैनीयो से भर जाता है,

वैसे तो तु दूर है पर तेरे पास होने का अहसास भी तेरी यादों में सकुन दे जाता है।

लोगो के सामने चाहे खुश रहलु पर तेरे सामने ये दिल हर दर्द बता देता है,

खुद के लिए कभी नहीं बस तेरे लिए ये दिल दर्द सहता है,

टूट जाऊ या बिखर जाऊ पर तेरी बातो से ये दिल हमेशा हिम्मत दिखा जाता है,

मेरी हर मुसीबत में तेरा साथ होना भी तेरी यादों में सकुन दे जाता है

जो जैसा है अच्छा है

तुम्हारे बारे में सब जानकर भि ये दिल अनजान बना रहता है,

दिल में कुछ है और वो जुबां से कुछ और कहता है,

इस रिश्ते में ना जाने क्यों हमेशा ये दिल मन मारकर रहता है,

बदल लु तुझे मेरे हिसाब से पर फिर सोचता हूं अब जो जैसा है वैसा ही अच्छा लगता है।

मुस्कराहट कि चेहरे पर फिर भि तेरा मुंह फुला फुला सा रहता है,

औरों के सामने हंसता है बस मेरे सामने ना जाने क्यों खफा खफा सा रहता है,

मेरा हर घड़ी तुझे मुस्कराते हुए देखना भी अब शायद तुझे नागवार लगता है,

छोड़ दू अब से तुझे तेरे हाल में क्योंकि अब जो जैसा है वैसा ही अच्छा लगता है।

सच्ची मोहब्बत में इक दूसरे को खोने का डर हमेशा लगा रहता है,

पर पता नहीं क्यों तुझे इस रिश्ते के बिच भि अकेला रहना बेहतर लगता है,

जिसको मुकम्मल इश्क़ नहीं वो क्यों इसे पाने को पागल सा लगता है,

और तुझे कोई फर्क नहीं है मुझे पाने खोने से पर फिर भि अब जों जैसा है वैसा ही अच्छा लगता है,

क्या कमी रहती है मेरे प्यार में जो दूसरों का प्यार तुझे रास आता है,

और देखा मैंने तुझे जब तेरा काम कोई रुक जता है तु मेरे पास दौड़ा चला आता है,

जब मतलब हो तुझे तेरे काम से तो तु बेइंतहा इश्क़ भि मुझे करने लगता है,

और तेरे झूठे प्यार कि पहचान तो हो गई मुझे पर फिर भि अब जो जैसा है वैसा ही अच्छा लगता है,

जितना तेरे करीब आऊ तु उतना ही मुझसे दूर होने लगता है,

रिश्ता तो तुझसे जुड़ा पर वो भी बेबुनियाद सा लगता है,
जो शख़्स रिश्ता निभाता नहीं वो हि सात जन्मों के वादे ना जाने क्यों करने लगता है,
अब तो ये टूटा रिश्ता भि मुझसे कहता है कि बस अब जो जैसा है वैसा ही अच्छा लगता है।

कैसा ये इश्क़

इश्क़ अगर जुर्म है तो फिर हर शक्स कैदी बन जाता है,

इश्क़ का रस मिठा पर दर्द काफ़ी गहरे दे जाता है।

जानकर इस जुर्म की सजा हर कोई सहम जाता है,

दूसरी बार प्यार ना करना हमेशा सिर्फ वहम बनकर रह जाता है।

हर कोई अपने इश्क़ की कहानी को खास बताता है,

कोई अपना इश्क़ बता दे तो दुसरा खुद का इश्क़ जता देता है।

जिसको मिल जाए इश्क़ वो खुश और जिसको ना मिले वो पाने कि कोशिश करता रहता है,

ये सब करके भी इश्क़ वो करता है जो खुद दूसरों को इश्क़ ना करने कि सलाह देता रहता है।

मुकम्मल ना हो सके फिर भी ये दिल उस इश्क़ कि मंज़िल को पाना चाहता है,

इम्तहान चाहे कुछ भी हो ये दिल इंतज़ार करना चाहता है।

दोस्ती से शुरू हुआ जो इश्क़ है वो दोस्ती टूट जाने के डर से इज़हार कर नहीं पाता है,

और अगर कर दिया इज़हार तो तुझे मैने अच्छा दोस्त माना था यह कह कर दिल तोड़ जाता है।

इश्क़ के ख़्वाब को हर कोई हक़ीक़त में तब्दील करना चाहता है,

जिसके पास हक़ीक़त में है वो इश्क़ को ख़्वाब बनाकर रखना चाहता है।

सच्चा इश्क़ दिखता कहा है यहां अब तो हर कोई दिल से खेलना चाहता है,

और जो करता है सच्ची मोहब्बत के वादे वहीं मजबूरियों का बहाना कर छोड़ जाता है।

जब वफाई एक से है तो बेवफ़ाई सब से क्यों करता रहता है,

जब एक रिश्ता संभलता नहीं तो फिर औरों से और रिश्ता क्यों जोड़ता रहता है।

जिसको मिलता नहीं इश्क़ वो इसके लिए मर मिटने को भी तैयार रहता है,

और जिसको मिल जाए इश्क़ वो इसकी अहमियत भी कहा समझ पाता है।

किसी और पर मरते हो

टूटा मैं हूं पर तु तो मेरे बाद भी निखर गया,

तु तो किसी और के साथ भी खुश है बस मैं कांच की तरह बिखर गया,

मैं तो तुम्हारी बड़ी गलतियों को भुला देता हूं पर ना जाने क्यों तुम मेरी छोटी छोटी बातों पर झगड़ा कर लेते हो।

दूर जाने को झगड़ा करने कि क्या ज़रूरत है...मुझे इक बार बोल तो देते कि तुम किसी और पर मरते हो।

यादों में तेरी अब तो मैंने राते भी कहीं खो दी है,

सपनों का शौकीन था पर अब तेरे लिए निंदे भी खो दी है,

हमसफ़र हो मेरे पर फिर भी अंजान बनकर रहते हो,

दूर जाने को मुझसे यूं दूरियां क्यों बनाते हो...मुझे इक बार बोल तो देते कि तुम किसी और पर मरते हो।

तुम्हारी नज़रों का नज़राना भी काफी अजीब था ,

बेवफ़ाई तो उसमे भी थी पर राज़ तुम्हारी मासुम पलकों के पिछे छुपा बैठा था,

अब तो मैं सब जान गया फिर भी ना जाने क्यों तुम प्यार का झूठा दिखावा करते हो,

झूठी वफाई में प्यार ना ढूंढता बस मुझे इक बार बोल देते कि तुम किसी और पर मरते हो।

तुम्हारे लिए परायों से हि नहीं अपनों से भी लड़ चुका था,

मोहब्बत इकतरफा थी पर दो तरफा समझकर सारी हदें पार कर चुका था,

इतना मासुम चेहरा तुम्हारा फिर भी इतनी बेहरमी मुझ पर क्यों करते हो,

अगर इतना हि सताना था तो पहले ही मुझे इक बार बोल देते कि तुम किसी और पर मरते हो।

मैं तुम्हारे लिए खुशियां ढुंढ रहा हुं पर तुम किसी और को खुश करना चाहते हो,

दिल लगी किसी और से पर तुम मुझे बता भी नहीं पाते हो,

जब चाह किसी और कि है तो हमसे यु जुड़ कर क्यों रहते हो,

यु मुझे ऩरंदाज़ करने कि क्या जरूरत है बस मुझे इक बार बोल देते कि तुम किसी और पर मरते हो।

ज़िन्दगी में और क्या चाहिए

जीने को सांस तो ख्वाहिशों को आस कि ज़रूरत है,

दिल में धड़कन तो फरमाइशों में तेरे साथ कि ज़रूरत है,

सपनों में तेरा साथ है पर अब हक़ीक़त में भी होना चाहिए,

और मन्नतों से तु मिल जाए तो ज़िन्दगी में और क्या चाहिए।

बारिश को बंजर ज़मीन कि तड़प का पता होना चाहिए,

बादल को सूखी फसल के दर्द कि अहमियत पता होनी चाहिए,

मैं भी रख लु तेरे हर दुख दर्द को बस तेरे हिस्से में सिर्फ खुशियां आनी चाहिए,

मेरी ज़िन्दगी कि पहली बारिश बन तु मेरी ज़िन्दगी महका दे तो ज़िंदगी में और क्या चाहिए।

तेरे लिए सबसे दूर हूं बस तु मेरे पास होना चाहिए,

कदमों के फासले कम है बस अब दिल से दिल का रिश्ता पास होना चाहिए,

जोड़ लु दिल से दिल का रिश्ता पर तेरा भी तो इसमें मन होना चाहिए,

और तु भी चाहता है जुड़ना मुझसे तो इससे अच्छा ज़िन्दगी में और क्या चाहिए।

रहलू फुटपाथ पर भी तेरे इश्क़ में बस तेरा दिल का आशियाना चाहिए,

निंद निकाल लूं ज़मीन पर बस तकिया तेरी बाहों का होना चाहिए,

पेट भर खाना ना मिले पर खाने को इक रोटी भी तेरे हाथ कि होनी चाहिए,

और तु भी बेताब है ऐसे पलो में भी ज़िन्दगी बिताने को तो ज़िन्दगी में और क्या चाहिए।

चांद तारो को लाने के झुठे सपने नहीं मेरी मेहनत से जो आए तु उसमे खुश होना चाहिए,

चाहत तुझे मेरी हैसियत से नहीं लगाव सिर्फ मुझसे होना चाहिए,

औरों कि तरह हर दफा बाते नहीं बस जिस पल भी बात हो वो भी तुझे सकुन दें जानी चाहिए,

और तु मुझसे जुड़कर, मेरे साथ रहकर,मुझसे खुश रहे अपनी ज़िन्दगी में तो ज़िन्दगी में और क्या चाहिए।

मेरी ज़िन्दगी में तेरा आना भी ज़रूरी था

हर मुश्किल में काम आने लगा था,

खुद से ज्यादा तेरे सपने पूरे करने लगा था,

बेमतलब से प्यार में तु अपना मतलब ढूंढता था,

मतलबी इश्क़ भी होता है मैं जान गया अब इसलिए मेरी ज़िंदगी में तेरा आना भी जरूरी था।

वफाई के पिछे बेवफ़ाई का पर्दा भी तु छुपाए बैठा था,

राज़ आंखो से ज्यादा अपने ज़हन में छुपाए बैठा था,

जितना खुद के बारे में तुने बताया मैं तो सिर्फ इतना हि जान पाया था,

मिठी बातो के पिछे काफ़ी राज़ छुपाए रखता है इंसान ये तुझसे जुड़ने पर पता चला इसलिए मेरी ज़िन्दगी में तेरा आना भी जरूरी था।

याद करता हूं तेरे साथ बिताए पल तो ये दिल सहम जाता था,

तेरे झूठे प्यार में साथ जन्मों के झूठे वादे तो सिर्फ मेरा वहम बनकर रह जाता था,

ज़िंदगी में आगे बढ़ने के लिए प्यार में ठोकर खाना भी जरूरी था,

नहीं तो पता हि नहि चलता कि गिर के उठने का मज़ा हि कुछ और है इसलिए मेरी
ज़िन्दगी में तेरा आना भी ज़रूरी था।

मैं तेरा था पर तेरा दिल किसी और पर जा बैठा था,

सोच कर हि दर्द होता पर मेरा दिल फिर भी सब सहता था,

मेरी निगाहें किसी और के लिए ऊठ नहीं पाती और तु इक टक निगाहों से किसी और को
देखता था,

अब जान गया कि कुछ सहने से अच्छा दूर हो जाना होता है इसलिए मेरी ज़िन्दगी में तेरा
आना भी ज़रूरी था।

मेरी गुमनाम ज़िन्दगी को तेरे नाम कर चुका था,

तु बदल जाएगा वक़्त के साथ ये सोच काफ़ी इंतजार भी कर चुका था,

बेइंतहा मोहब्ब्त करता रहा तुझे पर तेरा मुझसे कभी लगाव ना हो पाया था,

अब जान गया मैं कि इकतरफा प्यार ताउम्र साथ नहीं दे सकता इसलिए मेरी ज़िन्दगी में
तेरा आना भी ज़रूरी था।

इस टूटे दिल में तुझे पाने कि आस बाकि है

तु ना जाने पर मैं तेरा हमदम हूं,

और जान ले तु हमसफ़र भी तो सिर्फ मैं तेरा हूं,

दुर हो जा कितना भी मुझसे पर तेरे पास आने कि जदोजहद बाकि है ,

अब भी इंतज़ार तेरा करता रहूं तेरा इस टूटे दिल में तुझे पाने कि आस बाकि है।

क्या था तेरे साथ अब क्या बनकर रह गया हूं,

अज़ीज़ था तेरा पर अब अंजान बनकर रह गया हूं,

बदकिस्मती से दूर हूं तुझसे पर किस्मत से लड़ाई अब भी बाकि है,

मन्नतों में तुझे अब भी मांगता हूं क्योंकि इस टूटे दिल में तुझे पाने कि आस बाकि है।

गलत लोगो कि गलतफहमी से तु मुझे गलत समझ बैठा,

मैं तुझे तेरे सामने सही साबित करते करते थक बैठा,

कोशिश कर रहा हूं पर तेरे समझ जाने कि उम्मीद बाकि है,

सारी उम्र यूं हि चलती रहेगी तुझे मनाने कि कोशिशें क्योंकी इस टूटे दिल में तुझे पाने कि आस बाकि है।

राते तेरी बातो में गुम हो जाया करती थी,

तेरे बिन अब रातों में मैं गुम हो जाया करता हूं,

हर इक सपना सिर्फ तेरा आता है बस हक़ीक़त में फिर से साथ तेरा बाकि है,

अब हक़ीक़त मैं तुझे पाने के लिए सपनो से दूरियां बना लि है क्योंकि इस टूटे दिल में तुझे पाने कि आस बाकि है।

रिश्तों कि अहमियत तो मैं समझा था बस तुझे मैं कभी समझ ना सका,

उस वक़्त तु मेरे पास आता रहा और ना जाने क्यों मैं दूर तुझसे होता रहा,

उस वक़्त ये रिश्ता टूटता नहीं पर अब समझा कि इस रिश्ते में विश्वास होना बाकि है,

तेरे हर इम्तहान से कर गुजरने कि चाह अब भी रखी है क्योंकि इस टूटे दिल में तुझे पाने कि आस बाकि है।

ज़िंदगी अधूरी सि लगने लगी है

ज़िन्दगी में पाने कुछ नहीं और ना हि कुछ खोने को है ,

दर्द सिने में छुपाए बैठे है आंसु तो सिर्फ रोने को है,

औरों से दुर हूं पर खुद से अब बाते होने लगी है,

सारी दुनिया मेरे पास पर तेरे बिन ज़िन्दगी अब अधुरी सि लगने लगी है।

मंज़िल हज़ारों है पर रास्तों का कुछ पता नहीं,

ठोकर भरी ज़िन्दगी हो गई है अब तुझसे कोई खता नहीं,

गिर पड़कर भी ज़िन्दगी धिरे धिरे चलने लगी,

धिमी ज़िन्दगी को तु धक्का मारने को नहीं है शायद इसलिए हि ज़िन्दगी अब अधुरी सि लगने लगी है।

चाहतों का क्या है किसी पर भी आ जाती है,

पर ना देखू में तेरे सिवा किसी और कि तरफे और ना हि मेरी नज़रे उप्पर उठ पाती है,

देख लु दुनिया को इन आंखों से पर अब इन आंखों में भी दुनिया चुभने लगी है,

तेरा हाथ पकड़कर दुनिया घूमना चाहु पर तेरे बिन ज़िन्दगी अब अधुरी सि लगने लगी है।

परवानों सा इश्क़ हो तो मुश्किलें तो होती है,

कुछ पल के लिए दुर रहे तो दिल को तकलीफ़ भी होती है,

दूर रहने कि कोशिश कि तुझसे तो खुद से हि घुटन होने लगी है,

अब तो घुटन भरी ज़िन्दगी का हि सहारा है क्योंकि तेरे बिन ज़िन्दगी अब अधुरी सि लगने लगी है।

खुश करने को हज़ारों है पर दुःख में साथ रहने को कोई नहीं है,

अब तो क्या गलत क्या सही कोई कहने वाला भी नहीं है,

तेरे बिना हालातो से जित लु पर ज़िन्दगी अब खुद से हारने लगी है,

क्यों और कब तक लड़ू खुद से,तेरे बिना तो वैसे भी ज़िन्दगी अब अधुरी सि लगने लगी है।

इन शब्दों से मैं क्या बयां करू

वक़्त को वक़्त के साथ बदलते देखा है पर तुझे यूं हि मेरे साथ खड़े देखा है,

मुश्किलों का समा आता है और चला जाता है पर तेरा साथ हमेशा यूं हि बरकरार रहता है,

बस तु साथ है तो और किसी कि क्या चाह रखूं,

दिल में बोहोत बाते तेरी पर इन शब्दों से मैं क्या बयां करू।

मुझे किसी और से बात करते हुए तुझे जलता भी देखा है,

तो मेरी खुशी में मुझे खुश देख तेरे चेहरे को खिलता भी देखा है,

तु मेरा ख़्याल रख लेता है मैं तेरा ख़्याल ना रख पाता उसका मैं अब क्या करू,

तारीफे तो बोहोत करना चाहूं पर इन शब्दों से मैं क्या बयां करू।

दूर रहकर यादों से सकुन तुझे देते देखा है,

तो पास रहकर तुझे मुझमें समाते भी देखा है,

छुपालू तुझे दुनिया से और दिल में तुझे यूं रखा करू,

तेरा अहसास है इतना खास कि इन शब्दों से मैं क्या बयां करू।

ना चिंता करू मैं ये सोच कर तुझे दर्द छुपाते भी देखा है,

आंखो में नमी होते हुए भी तुझे होंठो से मुस्कराते भी देखा है,

तु तो मेरी इतनी सारी फिक्र करता है कि क्या हि मैं लोगो के सामने तेरा जिक्र करू,

जिक्र,फिक्र और जताने,बताने से ऊपर है तेरा रिश्ता इस रिश्ते को इन शब्दों से मैं क्या बयां करू।

वैसे तो काफ़ी हिम्मत है तुझमें पर बात मुझे खोने कि हो तो तुझे डरते देखा है,

कोई बोल दे इकदफा मज़ाक में भी मुझसे दुर जाने को तो तुझे मेरे लिए रोते हुए भी देखा है,

तेरा ये डर भी मुझे तेरे पास रहने कि हिम्मत देता है तो इस डर से मैं क्यों डरूं,

तु हमसफ़र,हमदम और हिम्मत है मेरी ये इन शब्दों से मैं क्या बयां करू।

लाख बंदिशे लगाई तेरी यादों पर

दिल के राज़ आंसुओ में बयां हो रहे है,

हम तेरे लिए खुद से हि यूं खफा हो रहे है,

ज़िक्र हो जाए किसी और के सामने तेरा तो कुछ तेरी बाते याद आ जाती है,

लाख बंदिशे लगाई तेरी यादों पर फिर भि तेरी याद आ जाती है।

तासीर तेरे इश्क़ का पर फिर भी इश्क़ मुकम्मल ना हुआ मेरा,

आइने मैं खुद को देखू पर चेहरा दिखे सिर्फ तेरा,

हक़ीक़त में ना सही पर ख्वाबों में हमेशा तु साथ आती है,

लाख बंदिशे लगाई तेरी यादों पर फिर भि तेरी याद आ जाती है।

तुझे दूर से देखकर भि मुझे चैन मिल जाता है,

तेरे पास होने के अहसास पर भि मेरे चेहरे का नूर खिल जाता है,

इन हवाओं में तेरी आवाज़ कि सरगोशिया सकुन देने आती है,

लाख बंदिशे लगाई तेरी यादों पर फिर भि तेरी याद आ जाती है।

वफाई,बेवफ़ाई ये तो सिर्फ दस्तुर ए इश्क़ है,

तुझसे दूर रहकर भि धिरे धिरे जो बड़ रहा वो फितुर ए इश्क़ है,

तेरे साथ बिताए खुशनमा लम्हों कि यादें दुर कहा जाती है,

लाख बंदिशे लगाई तेरी यादों पर फिर भि तेरी याद आ जाती है।

तेरे इंतजार में सुबह से शाम तो शाम से सुबह ना जाने कब हो जाती है,

तुझे नहीं पसंद मेरा यूं तेरे आगे पिछे घुमना इसलिए तेरी निग़ाहें मुझे देख कर भी नज़रंदाज़ कर जाती है,

जिस्म को जितना दुर रखूं मेरी रूह तेरी और उतनी खिंची चली आती है,

और लाख बंदिशे लगाई तेरी यादों पर फिर भि तेरी याद आ जाती है।

डर लगता है फिर से इश्क़ करने से

अब तो डर लगता है किसी और के साथ जुड़ने से,

उजियारे में तुझे देखने से अच्छा अब सकुन मिलता है अंधेरे में रहने से ,

दिल को परेशानियां भि बोहोत है तुझसे यूं दुर रहने से और खुद को भी तुझसे दूर रखने से,

पर क्या करू... इक बार बेवफ़ा इश्क़ ने मेरे दिल पर तमाचा मारा है अब डर लगता है फिर से इश्क़ करने से।

किसी और को देखू तो इक दफा तेरी यादों का सहरा मेरी आंखो के सामने आ जाता है,

ना चाहकर भी तेरी बिति बातों में ये दिल ना जाने कहीं खो जाता है,

तेरी बिति यादों से कपकपा जाती है रूह मेरी इसलिए अब फायदा है सिर्फ तुझसे दूरी रखने से,

तेरे झूठे प्यार कि सच्ची याद ने मुझे तोड़ दिया है इसलिए अब डर लगता है फिर से इश्क़ करने से।

तुझे हर पल मेरा वक़्त दिया बस खुद के वक़्त को कभी वक़्त ना दे पाया,

शायद इसलिए मेरे वक़्त कि तु कभी कद्र ना कर पाया,

बिन मतलब से प्यार में सारी दुनिया को भूलकर सिर्फ खुश होता था तेरे साथ रहने से,

तेरी ख़ुशी के लिए तुझे मेरी खुशियों का गला घोटते भी देखा है इसलिए अब डर लगता है फिर से इश्क़ करने से।

कुछ तकलीफ़ होती है आज भी पर तेरे साथ रहकर होने वाली तकलीफों से बेहतर है,

इश्क़ अब इक तरफा है पर तेरे साथ रहकर दो तरफा करने

कि चाह से तो बेहतर है,

मुकम्मल इश्क़ भी अगर इक तरफा लगे तो बेहतर है उसका इक तरफा रहने से,

तेरे साथ अब खुद से खुद का भरोसा टूटते देख लिया इसलिए अब डर लगता है फिर से इश्क़ करने से।

लोगो के इश्क़ मैं लाखों झगड़ों के बिच भी रिश्ता बचते देखा है,

और मेरी छोटी छोटी बातों से भी तुझे हर दफा मुझसे दूर होते देखा है,

बेमतलब से झगड़ों के बिच रिश्ता टूटे उससे अच्छा है उससे दूर रहने से,

मेरी बेइंतहा मोहब्बत के बाद भी मैंने मेरे रिश्ते को टूटते देखा है इसलिए अब डर लगता है फिर से इश्क़ करने से।

वाह...! मोहब्बत ऐसे कि जाती है

अब तो डर लगता है किसी और के साथ जुड़ने से,

उजियारे में तुझे देखने से अच्छा अब सकुन मिलता है अंधेरे में रहने से ,

दिल को परेशानियां भि बोहोत है तुझसे यूं दुर रहने से और खुद को भी तुझसे दूर रखने से,

पर क्या करू... इक बार बेवफ़ा इश्क़ ने मेरे दिल पर तमाचा मारा है अब डर लगता है फिर से इश्क़ करने से।

किसी और को देखू तो इक दफा तेरी यादों का सहरा मेरी आंखो के सामने आ जाता है,

ना चाहकर भी तेरी बिति बातों में ये दिल ना जाने कहीं खो जाता है,

तेरी बिति यादों से कपकपा जाती है रूह मेरी इसलिए अब फायदा है सिर्फ तुझसे दूरी रखने से,

तेरे झूठे प्यार कि सच्ची याद ने मुझे तोड़ दिया है इसलिए अब डर लगता है फिर से इश्क़ करने से।

तुझे हर पल मेरा वक़्त दिया बस खुद के वक़्त को कभी वक़्त ना दे पाया,

शायद इसलिए मेरे वक़्त कि तु कभी कद्र ना कर पाया,

बिन मतलब से प्यार में सारी दुनिया को भूलकर सिर्फ खुश होता था तेरे साथ रहने से,

तेरी ख़ुशी के लिए तुझे मेरी खुशियों का गला घोटते भी देखा है इसलिए अब डर लगता है फिर से इश्क़ करने से।

कुछ तकलीफ़ होती है आज भी पर तेरे साथ रहकर होने वाली तकलीफों से बेहतर है,

इश्क़ अब इक तरफा है पर तेरे साथ रहकर दो तरफा करने

कि चाह से तो बेहतर है,

मुकम्मल इश्क़ भी अगर इक तरफा लगे तो बेहतर है उसका इक तरफा रहने से,

तेरे साथ अब खुद से खुद का भरोसा टूटते देख लिया इसलिए अब डर लगता है फिर से इश्क़ करने से।

लोगो के इश्क़ मैं लाखों झगड़ों के बिच भी रिश्ता बचते देखा है,

और मेरी छोटी छोटी बातों से भी तुझे हर दफा मुझसे दूर होते देखा है,

बेमतलब से झगड़ों के बिच रिश्ता टूटे उससे अच्छा है उससे दूर रहने से,

मेरी बेइंतहा मोहब्बत के बाद भी मैंने मेरे रिश्ते को टूटते देखा है इसलिए अब डर लगता है फिर से इश्क़ करने से।

माना तुम्हारी कुछ मजबूरियां है

किसी के लिए मर जाना हि तो इश्क़ नहीं ताउम्र साथ रहकर भी तो इश्क़ निभा सकते है,

हमसफ़र हमेशा आंखो के सामने रहे ये तो ज़रूरी नहीं पर फिर भी दुर रहकर भी तो इश्क़ कर सकते है,

हमेशा खुश रखने के झूठे वादे तो नहीं पर थोड़ी नोक झोंक के साथ भी तो इश्क़ मुकम्मल कर सकते है,

माना तुम्हारी कुछ मजबूरियां है जो तुम हमसे दूर हो... पर हम तो इकतरफा इश्क़ कर सकते है।

कोई बंदिशे नहीं आज़ाद परिंदे सा रिश्ता रखना चाहु...पर ऐसा रिश्ता कहीं और कहा देख सकते है,

अहमियत तो बोहोत होती है हर किसी कि अपनी ज़िन्दगी में पर दुर रहकर इसे कहा सब बरक़रार रख सकते है,

और लाख मुश्किलों से लड़कर भी मुलाकाते नहीं होती इस दर्द को हमारे अलावा कोई और कहा समझ सकते है,

माना तुम्हारी कुछ मजबूरियां है जो तुम हमसे दूर हो...पर हम तो इकतरफा इश्क़ कर सकते है।

परिवार तो हमारा भी है इज़्ज़त उनकी भी तो उतरते हम नहीं देख सकते है,

तेरा मेरा क्या करू तुम बेटी इस घर की मैं तुम्हारे घर का बेटा बन जाऊ ऐसे भी तो हम रह सकते है,

और तुम तो दुनिया के डर से पिछे हट रहे हो तो ऐसे केसे दो तरफा इश्क़ कर सकते है,

माना कुछ मजबूरियां है जो तुम हमसे दूर हो...पर हम तो इकतरफा इश्क़ कर सकते है।

माना मंज़िल थोड़ी कठिन है पर उसे पाने के लिए थोड़ी तो मेहनत कर सकते है,

ये तो इश्क़ है इसे मुकम्मल करने को थोड़ा तो हम मिलकर लड़ सकते है,

और तुम ना चाहकर भी किसी और के साथ जुड़ जाओगे पर हम कहा खुश रह सकते है,

माना कुछ मजबूरियां है जो तुम हमसे दूर हो... पर हम तो इकतरफा इश्क़ कर सकते है।

त्यौहारों कि क्या ज़रूरत जुड़ जाओ मेरे संग हर दिन को मिलकर त्यौहार बना सकते है,

जन्नत दिखे या ना दिखे तुम मिल जाओ तो मिलकर घर को जन्नत बना सकते है,

तुम्हारे लिए मेरी ख्वाहिशें,अरमान,सपने तो मेरी फरमाइशें सबको हम मिलकर पुरा कर सकते है,

माना कुछ मजबूरियां है जो तुम हमसे दूर हो... पर हम तो इकतरफा इश्क़ कर सकते है।

मोहब्बत करते क्यों हो...

वो कहा है किसके साथ है और क्यों गई है ...इतना शक करते क्यों हो,

आधी आधी रात को जागकर भी दिन कि कड़कती धूप में उसका इंतजार करते थे अब ये भूलते क्यों हो,

पहले बात करने को तरसते थे अब जबसे बात होने लगी तो किसी और के ख्वाबों में खोते क्यों हो,

और वो लड़की है उसे इज़्ज़त,प्यार और आज़ादी चाहिए जब ये दे हि नहीं सकते तो मोहब्बत करते क्यों हो...?

क्या पहना है कैसे पहना है इतनी छोटी सोच रखते क्यों हो,

हमसफ़र कि सारी चीजें अच्छी लगती थी अब हर बात पर टोकते क्यों हो,

यहां मत जा वहा मत जा इतना हर जगह जाने से रोकते क्यों हो,

और वो लड़की है आज़ाद परिंदा बन उड़ना चाहती है पर तुम उसे खुले आसमान तक को देखने नहीं दे सकते तो मोहब्बत करते क्यों हो...?

लोगो का डर तुम्हे नहीं पर उसके सीने में लोगो के तानों का खौफ भरते क्यों हो,

इश्क़ करने पर किसी से डरे नहीं तो अब उसे लोगो के सामने ले जाने से डरते क्यों हो,

समाज कि बातो का इश्क़ पर ज़ोर नहीं पर खुद कि बातो का रौब उस पर जमाते क्यों हो,

और वो लड़की है उसकी मासूमियत को तुम हिम्मत में बदल नहीं सकते तो मोहब्बत करते क्यों हो...?

पूरा परिवार छोड़ तुम संग ज़िन्दगी बिताने आए पर परायों सा बर्ताव करते क्यों हो,

ज़िंदगी के हर मोड़ पर हर घड़ी हज़ारों दर्द सहती है और तुम उसे बुज़दिल समझते क्यों हो,

मां,बेटी,बहन,बहू ये सभी रिश्तों में हमेशा अव्वल पर तुम उन्हें हमेशा कमज़ोर समझते क्यों हो,

और वो लड़की है उसे खुश रखने के लिए तुम जैसे रखोगे वह रह जाएगी पर तुम फिर भी उसे खुश रख नहीं सकते तो मोहब्बत करते क्यों हो...?

ख्याल तुम्हारा ना रखे तो लापरवाह और हद से ज्यादा ख्याल रखे तो पागल उसे कहते क्यों हो,

जिम्मेदारियां तो उसके ऊपर भी है फिर भी हमेशा खुद को हि सर्व शक्तिशाली बताते क्यों हो,

पहले वाली उसकी सारी बाते,यादे,मुलाकातें और किए हुए वादे को भुलते क्यों हो,

और वो लड़की है तुम उसे झूठा हि सही पर प्यार तो करो वो तो उसमे भी सारी खुशियां अपने हक कि छिन लेगी पर तुम फिर भी उसकी अहमियत को नहीं समझ सकते तो मोहब्बत करते क्यों हो...?

सारी लड़कियां इक जैसी हो ज़रूरी नहीं

हर प्यार जिस्मानी हो ये तो ज़रूरी नहीं,

सच्ची मोहब्बत मिल जाए हर किसी को ये तो ज़रूरी नहीं,

रिश्ता तो लड़का लड़की दोनों का होता है तो उसके टूटने पर किसी इक कि हि गलती हो ये भी तो ज़रूरी नहीं,

और जितना बुरा और बेवफ़ा तुम लड़की को बताते हो तो सारी लड़कियां इक जैसी हो ये भी तो ज़रूरी नहीं।

ज़िंदगी के बोझ तले सिर्फ लड़के रहे ये तो ज़रूरी नहीं,

लड़कियों का दर्द समझ ना सके कोई इतना नासमझ हर कोई हो ये तो ज़रूरी नहीं,

प्यार में सिर्फ लड़की का त्याग,प्यार,और चरित्र देखा जाए ये भी तो ज़रूरी नहीं,

और जितना उसकी बातो से तुम उसके चरित्र का आकलन कर रहे हो तो सारी लड़कियों चरित्रहीन हो ये भी तो ज़रूरी नहीं।

उसके मासूम चेहरे के पिछे मासुमियत हो ये तो ज़रूरी नहीं,

तुम्हारा बार बार इज़हार करना सच्ची मोहब्बत दर्शाता हो ये तो ज़रूरी नहीं,

उसकी मुस्कान पर मर मिटो तो हर मुस्कान प्यार कि हो ये भी तो ज़रूरी नहीं,

और हर पल हर घड़ी हर किसी से मोहब्बत हो जाए सारी लड़कियों कि फितरत इक सि हो ये भी तो ज़रूरी नहीं।

सभी लड़कियों को तुम्हारे महंगे तोफे पसंद हो ये तो ज़रूरी नहीं,

सभी लड़कियों को तुम्हारे वक़्त कि कद्र हो ये भी तो ज़रूरी नहीं,

सही मायनों में सभी लड़कियों को सच्ची मोहब्बत हो तुमसे ये भी तो ज़रूरी नहीं,

तुम्हारे वक़्त,प्यार और अहसास को कोई ना समझे पर सारी लड़कियां तुम्हारे इश्क़ से खिलवाड़ करे ये भी तो ज़रूरी नहीं।

मोहब्बत दोनों कि है तो कोई इक हि उसके लिए लड़े ये तो ज़रूरी नहीं है,

दो जिस्म इक जान बन सकते है पर दो जिस्म हमेशा साथ रहे ये तो ज़रूरी नहीं,

परिवार वालो को बोल के देखो सारे परिवार इश्क़ को नकार दे ये भी तो ज़रूरी नहीं है,

मेरा परिवार नहीं मानेगा ... मैं कुछ नहीं कर पाऊंगी... सारी लड़कियां मजबूरी का झूठा बहाना करे ये भी तो ज़रूरी नहीं

www.ingramcontent.com/pod-product-compliance
Lightning Source LLC
La Vergne TN
LVHW050419160726
843469LV00041B/1139